Ein Päckchen voller Dank

W0174999

Doro Zachmann

Ein Päckchen voller Dank

Freunde
tun gut

kawohl

Vorwort

Liebe Leserin, lieber Leser,

Vielleicht haben Sie dieses Buch geschenkt
bekommen von einem lieben Menschen,
der Ihnen damit sagen möchte,
was Sie ihm bedeuten.
Vielleicht sind Sie selbst auf der Suche nach
einem kleinen Text, den Sie
jemandem schreiben möchten, der Ihnen
sehr am Herzen liegt? Dann wünsche ich,
dass Sie hier die richtigen Worte finden,
die Ihnen aus der Seele sprechen.

Mal ganz ehrlich:
Was wären wir ohne unsere Freunde, Partner,
Familie? Wir sind Beschenkte, denn wir
gehen nicht allein durchs Leben.
Gott stellt uns Menschen zur Seite, die uns

zu sehr guten und engen Freunden
werden können. Das ist alles andere
als selbstverständlich und ich finde,
das sollten wir dankbar auch immer
mal wieder dem anderen gegenüber
zum Ausdruck bringen.

Feiern Sie das Leben und die Menschen,
die in Ihrem Herzen
einen großen Platz einnehmen!

Auf die Freundschaft!

Ihre Doro Zachmann

Danke für dich

Wertvoll

Wie eine einzelne Seerose
mitten im großen Teich,
stichst du heraus
aus der Menschenmenge,
die mich umgibt.

Kostbar und wertvoll
bist du mir
und dankbar staune ich
über all die Freude,
die du in mein Leben bringst.

Du bist ein Geschenk

Du bist ein großes Geschenk!

Mit jeder kleinen Aufmerksamkeit,
liebevollen Geste,
helfenden Tat,
jedem wohlmeinenden Wort,
ermutigenden Lächeln
und zärtlichen Blick
verschenkst du dich selbst,
bringst so viel Sonne und Wärme
in die Herzen anderer,
machst ihren Tag
zu einem besonderen Tag!

Die Welt wäre unsagbar arm ohne dich!
Gut, dass es dich gibt!

Schön, dass es dich gibt

Schön, dass es dich gibt!
Du bereicherst das Leben aller,
die um dich sind,
mit deiner wundervollen Art,
deinem So-sein-wie-du-bist,
deiner Unverwechselbarkeit
und einzigartigen Originalität!
Danke, dass du dein Herz
an diese Welt verschenkst!

Du bist wirklich
ein Geschenk des Himmels!

Großes Herz

Du hast das Herz
wahrlich am rechten Fleck!
Du verstehst es, auf Menschen zuzugehen,
ihnen Wärme und Geborgenheit zu geben.

In deinem großen Herz
hast du Platz für so viele wunde Seelen,
die sich nach Liebe und Anerkennung sehnen.

Du leuchtest von innen heraus
und hast so eine wunderschön
ansteckende Ausstrahlung.

Danke, dass du dich so verschenkst
und mit deiner Liebe
die Welt einfach besser machst.

Schön, dass es dich gibt!

Liebe schenken

Jede liebevolle Geste,
jeder fürsorgende Blick,
jedes ermutigende Wort,
jede helfende Tat,
jede zärtliche Umarmung von dir
ist wie ein kleiner Samen,
den du in die Welt hinausträgst.
Er fällt auf fruchtbaren Boden,
verwurzelt sich, vermehrt sich
und gibt von sich weiter.

Das ist wohl der Grund,
weshalb die Erde sich noch immer dreht:
Wie zähes Unkraut, das nicht ausstirbt,
gibt es sie noch, jene Menschen wie dich,
die nicht damit aufhören,
ihre Liebe großzügig
in alle Himmelsrichtungen zu verteilen.

Ansteckend

Mit deinem Strahlen,
das von innen kommt,
bist du so herrlich ansteckend.

Schon manch einer ist
in deiner Gegenwart aufgeblüht,
hat Knospen entfaltet
und ist durch dich
zum Leuchten gekommen.

Nicht nur mir hast du
mit deinem erfrischenden Lachen,
deinem offenen Herz
und liebenden Wesen
unzählig oft Glück
und Freude bereitet.

Schön, dass es dich gibt!

Begeistert
von dir

Ich bin jedes Mal
aufs Neue begeistert
von deiner unbeschwerten Leichtigkeit,
deinem sprühenden Charme,
deinem ansteckenden Humor.

Du bist so herrlich erfrischend,
lustig, spritzig und wirklich witzig.

Es ist eine Wonne,
mit dir zusammen zu sein.

Danke, dass wir so viel Spaß
miteinander haben können.

Du bringst Farbe in mein Leben

Die Sonne lacht,
das Leben ist schön,
du bist bei mir,
bringst so viel Freude
und Farbe in mein Leben.

Ich bin so froh,
dass es dich gibt,
und ich dich
kennenlernen durfte.

Deine Freundschaft
bringt mich zum Leuchten.

Fröhlichkeit

Dein Pipi-Langstrumpf-Gen
ist so herrlich ansteckend!

Viel zu oft ist der Alltag schwer,
öd und eintönig,
doch mit deiner guten Laune
und deinen herrlich verrückten Ideen
bringst du immer wieder
Leichtigkeit und Fröhlichkeit
in mein Leben.

Ja, du hast Recht:
Komm, wir stricken uns die Welt
wi-de-wi-de wie sie uns gefällt!

Das Leben
ist ein Genuss!

Es macht so viel Freude,
mit dir gemeinsam
unterwegs zu sein
und das Leben zu genießen!

Ja, wir haben allen Grund,
dankbar und glücklich zu sein
und zufrieden mit dem,
was Gott uns schenkt.

Komm, lass uns das Leben feiern!

Gesegnet

Du bringst Würze in mein Leben!
Hier eine Prise Leichtigkeit,
da ein bisschen Albernheit,
löffelweise Charme,
Humor und Gelassenheit,
abwechselnd mit Tiefgang,
Zuversicht und Besonnenheit.

Mit dir wird es nie langweilig,
du hast (fast) immer eine gute Idee.
Gott hat dich wirklich
mit vielen inneren Reichtümern gesegnet
und mich gleich mit,
weil ich mit dir befreundet sein darf.

Lebendigkeit

Komm, lass uns mal wieder
so richtig verrückt sein!
Ein bisschen spinnen,
neben der Spur sein,
albern kichernd
durch die Straßen ziehen.

Es macht so viel Spaß,
mit dir zu lachen,
das Leben zu feiern,
sich für einen Tag
zwanzig Jahre jünger zu fühlen,
dem Alltagsgrau
bunte Farben entgegenzustrecken.

Dein Humor
ist so herrlich ansteckend!
Dein Lachen
ist Musik in meinen Ohren!

Abenteuer

Es ist so herrlich
mit dir hinter Zäune zu schauen,
Streiche auszuhecken,
mutig Neues auszuprobieren,
Abenteuer zu wagen,
aus dem Rahmen zu fallen,
manchmal auch bewusst
Grenzen zu überschreiten,
wieder ein bisschen Kind zu sein …
So vieles, das ich mit dir teilen kann,
worüber andere nur missbilligend
den Kopf schütteln würden.

Die Tiefe unserer Freundschaft
nicht missen wollend, genieße ich
aber auch ganz besonders solche Momente
der Leichtigkeit, Lebendigkeit
und Lebensfreude mit dir.

Herzerfrischend

Du bist so
herrlich herzerfrischend
und wachrüttelnd unbequem!

Immer wieder lockst du mich
mit deinen originellen Ideen
hinterm Ofen vor,
steckst mich an
mit deiner Begeisterung,
entfachst in mir ein Feuer,
wo ich nur
von einem Flämmchen ahnte.

Ich bitte dich,
lass dich von meiner Zögerlichkeit
nicht abhalten
und bleib so sprühend, wild
und einfach wunderbar!

Freunde wie dich

Wie gut,
dass Gott mich nicht allein
durchs Leben gehen lässt.
Er hat mir Freunde wie dich
an die Seite gestellt,
mit denen ich lachen und weinen,
reden und schweigen,
humpeln und tanzen kann.

Im Miteinander
wird mein Herz ganz.

 Nicht allein

Immer wieder
höre ich von Einsamkeit,
vom Untergehen in der Masse,
vom Nichtgesehenwerden
und von Herzlosigkeit.

Oft weht ein rauer Wind
in dieser Gesellschaft
der spitzen Ellenbogen.

Ich bin nicht allein.
Ich habe dich.
Danke, dass du bei mir bist,
dass du mir
deine Freundschaft schenkst.

Beim Gedanken an dich
springt meine Seele vor Freude.

Danke für
deine Ermutigung

Du glaubst an mich

Wie gut ist es,
dich zum Freund zu haben!

Du glaubst an mich
und zeigst mir immer wieder,
dass mehr in mir steckt,
als ich selbst glauben kann.

Wo ich nur die Raupe in mir sehe,
hast du schon
meine Schmetterlingsflügel entdeckt
und machst mir Mut,
sie auszubreiten
und drauflos zu fliegen.

Potential

Gott hat jeden Menschen
einzigartig geschaffen
und jede Menge
Entwicklungs-Spielraum
in ihn hineingelegt.

Dank deiner Hilfe
und Unterstützung
traue ich mich mehr und mehr,
mich auszuprobieren
und meine Grenzen
und Stärken kennenzulernen.

Danke, dass du an mich glaubst!
Danke, dass du mir dabei hilfst,
mein Potential zu entfalten.

Neue Möglichkeiten

Immer wieder aufs Neue
machst du mir Mut,
mein Lebensfenster
mehr und mehr zu öffnen,
Luft und Licht
und neue Möglichkeiten
hereinzulassen.

Du lockst mich nach draußen,
hilfst mir, Vertrauen zu wagen
und einen Schritt weiterzugehen.

Was wäre ich ohne dich!?

Loslassen

Manchmal ist das Leben
einen Schritt weitergegangen,
an mir vorbeigezogen,
und ich habe es nicht bemerkt.

Manchmal haben sich Umstände geändert,
Türen verschlossen,
Träume ausgeträumt,
und ich habe es nicht bemerkt.

Du jedoch hast meine Verspannung
vom krampfhaften Festhalten an Gewesenem
sehr wohl bemerkt
und mir sanft die Augen geöffnet,
zu erkennen, dass es an der Zeit ist,
Altes loszulassen
und neuen Anfängen zu vertrauen.

Schritte wagen

Wissend,
dass du bei mir bist,

mir hilfst,
allen Mut zusammenzunehmen,

mich rauf ziehst,
falls ich untergehe,

wage ich manchen Sprung
ins kalte Wasser.

Du stärkst mir den Rücken

Manches Wagnis,
manche verrückte Idee,
manches Risiko,
manchen ersten Schritt
habe ich vor allem deshalb gewagt,
weil ich wusste,
du stärkst mir den Rücken,
glaubst an mich,
begleitest mich
und bist das Netz,
das mich auffängt,
falls mein Schritt ein Fallen wird.

Weitergehen

Manchmal bin ich müde
vom vielen Wandern.
Will nicht mehr vorwärts, mag nur noch
ausruhen, rasten - und von mir aus auch
rosten. Stillstand. Sitzstreik. Auszeit.

Du lächelst, legst auch eine Pause ein
und setzt dich zu mir.
Gemeinsam betrachten wir die Aussicht.

Aber dann, nach einer Weile,
gibst du dir einen Ruck und stehst auf.
Streckst mir die Hand entgegen,
ziehst mich auf die müden Füße,
hakst mich unter und ermutigst mich,
meinen Weg weiterzugehen,
Schritt für Schritt, dem Ziel entgegen.

Dank dir hat das Moos keine Chance!

Danke für deine Hilfe
und Unterstützung

Zusammen unterwegs

Gut, dass sich
unsere Wege einst kreuzten.
Seither sind wir Gefährten,
mögen und begleiten einander.

Nicht jeden Schritt
gehen wir gemeinsam,
aber doch sind wir
zusammen unterwegs.

Ich bin ich so froh,
dich an meiner Seite zu haben!

Besonders an jenen Gabelungen
des Lebens, die Veränderung ankündigen,
ist es gut zu wissen,
dass du mir hilfst zu entscheiden,
welche Himmelsrichtung
ich einschlagen soll.

Stolpersteine

Links und rechts von meinem Lebensweg
- manchmal auch mittendrin -
liegen Steine, große und kleine.

Sie hindern mich zuweilen am Weitergehen,
lassen mich straucheln,
zwingen mich zum Stehenbleiben,
Wegräumen oder Darüberklettern.

Danke, dass du mir hilfst,
sie genauer zu betrachten,
ihre eigentliche Schönheit zu erkennen,
ihre Bedeutung zu verstehen
und sogar das eine oder andere
Kunstwerk daraus zu bauen.

Heilung

Das Leben hat mir schon
die eine und andere
Wunde geschlagen,
manche mit sichtbaren
Narben bis heute.

Ich bin dankbar, zu erleben,
dass viele Verletzungen
heilen können,
dank Menschen wie dir,
die mir zur Seite stehen,
mir helfen,
das Erlebte zu verarbeiten
und – trotz allem –
weiter zu wachsen.

Stürme

Immer wieder
toben Stürme in unseren Herzen,
gleicht die Seele
einem aufgewühlten Meer,
schlagen die Wellen hoch,
mal in deinem,
mal in meinem Leben.

Wie gut, dass wir einander haben
und uns helfen,
die Wogen zu glätten,
die Winde auszuhalten,
und das sturmgeschüttelte Gemüt
wieder ins Lot zu bringen.

Schön, dass es dich gibt!

Bewahrung

Wie gut ist es,
dich an meiner Seite zu haben!
Du lässt dich gern
auf Abenteuer mit mir ein,
auch auf das eine oder andere Wagnis,
merkst aber viel schneller als ich,
wann es sinnvoll ist,
eine Pause zu machen
oder gar die Richtung zu ändern.

Ich neige manchmal dazu,
mich selbst zu überschätzen.
Ich bin froh,
dass du mich immer mal wieder bremst
und mir deutlich machst,
wenn ich übers Ziel hinausschieße.
So hast du mich schon
vor mancher Dummheit bewahrt.

Erdverbunden

Zuweilen würde ich
am liebsten davonfliegen,
dem allem hier entfliehen,
einfach abhauen
oder zumindest
eine Zeit lang abheben.

Wie gut, dass du mir hilfst,
mit beiden Beinen auf der Erde
und standhaft zu bleiben,
erdverbunden zu sein,
auch wenn ich den Kopf gern
in den Himmel strecke.

Danke für
dein Zu-mir-stehen

Unperfekt

Ich bin nicht unfehlbar
und schon gar nicht perfekt.
Das weißt du nur zu gut!
Du kennst meine Macken,
meine Eigenarten,
meine Schwächen.

Und obwohl du mich
so gut kennst,
hältst du dennoch an mir fest,
lässt mich nicht fallen,
stehst zu mir.

Bei dir darf ich einfach
ich selber sein.
Danke dafür!

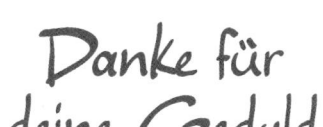

Danke für deine Geduld

Immer wieder staune ich,
wie viel Geduld du mit mir hast.
Danke, dass du mich nicht drängst,
dass du mir die Zeit lässt, die ich brauche,
dass ich in meinem Tempo wachsen
und reifen darf.

An vielen Stellen werde ich manipuliert,
gepuscht, geschoben,
ständig zieht und zerrt das Leben an mir.

Es tut so gut,
bei dir einfach sein zu dürfen,
wer und wie ich bin.

Du hältst zu mir

Immer wieder
fahre ich meine Stacheln aus,
bin borstig und verletzend.
Dabei will ich das eigentlich
gar nicht sein.

Danke, dass du dich davon
nicht abschrecken lässt
und dennoch zu mir hältst.

Danke, dass du tiefer blickst
und meinen wahren Kern erkennst.

Danke, dass du mir hilfst,
meine harte Schale
immer mehr abzustreifen
und zu dem zu werden,
als der ich eigentlich gedacht bin.

Du bist gnädig mit mir

Manch geschmacklose Bemerkung,
saure Miene,
ausgehungerte Lage,
überkochende Reaktion
und bittere Erfahrung,
von der ich am liebsten erst gar nicht
probiert hätte,
hast du mir
durch den Genuss deiner Gegenwart,
deine nährenden Worte,
appetitliche Gelassenheit,
ausgleichende Engelszunge
und heitere Schokoladenseite
aufs Köstlichste versüßt.

Ja, mit dir krieg ich so manches gebacken!
Weißt du was?

Ich habe dich zum Fressen gern!

Herz mit Profil

Deine Ehrlichkeit
und Offenheit tun mir gut!
Durch deine deutlichen Worte
lerne ich mich selbst besser kennen.

Du erträgst auch meine raue Seite,
machst mich aber liebevoll
auf eisige Verletzungen aufmerksam,
lässt mir frostige Bemerkungen
nicht durchgehen.

Danke, dass du Profil mit Herz zeigst
und dadurch auch meine eigenen Konturen
klarer und sichtbarer werden.

Einander verzeihen

Am Abend,
wenn der Sonne Glut
sich am Himmel widerspiegelt,
als wäre sie ein Abbild
unseres heftigen Streits,
der inzwischen verraucht
und einer noch kraftvolleren
Versöhnung gewichen ist,
lehne ich meinen Kopf
an deine Schulter,
atme das Wissen ein
um unser Glück,
einander gefunden zu haben
und höre aus deinem
zufriedenen Schweigen,
dass du denselben Gedanken denkst.

Danke, dass ich bei dir
so sein darf, wie ich bin

In deiner Nähe

Wie gern bin ich mit dir zusammen!

In deiner Nähe genieße ich das Leben,
scheint mir die Sonne auf den Pelz.

In deiner Nähe spanne ich aus und atme auf,
tanke Kraft für den nächsten Tag.

In deiner Nähe ist Gemütlichkeit Programm,
kann ich fünf gerade sein lassen,
geht es mir so rundum gut.

Ja, in deiner Nähe
kommt meine Seele zur Ruhe.

Bei dir geborgen

Bei dir kann ich mich getrost niederlassen!

Alles ist bei dir gut aufgehoben:
meine Ängste und Fragen,
Sorgen und Probleme
und auch das eine oder andere Geheimnis.
Meine Verletzlichkeit, meine Selbstzweifel
und Schattenseiten sind bei dir
sicher verwahrt.
Du lachst mich nicht aus, schüttelst nicht
gleich den Kopf über meine
noch unausgegorenen Ideen.
Es gibt keinen Gedanken,
den ich vor dir nicht aussprechen kann.
Ich kann mich ganz auf dich verlassen,
weiß, dass du ehrlich zu mir bist.

Ja, bei dir kann ich mich getrost niederlassen!

Bei dir Zuhause

Wenn ich dich besuche,
ist es jedes Mal,
als ob ich nach langer anstrengender Reise
endlich nach Hause käme.

Voller Freude kommst du mir entgegen,
lädst mich zum Wohlfühlen
und Entspannen bei dir ein,
verwöhnst und bewirtest mich,
verbreitest eine natürliche Atmosphäre
des Angenommenseins, der Gemütlichkeit,
Idylle und Geborgenheit.
Ja, bei dir ist ein guter Platz auf Erden.

Deine Freundschaft
dankbar genießend, erkenne ich:
Mit dir hat Gott mir
ein großes Geschenk gemacht.

Du lädst mich ein

Es ist so gut, bei dir zu sein.

Du lädst mich ein,
mich zu Hause zu fühlen,
es mir bei dir
gemütlich zu machen.

Deine Gastfreundschaft genießend
komme ich zur Ruhe,
kann auftanken, entspannen,
mich erholen und stärken.

Danke, dass ich mich
in deiner Nähe
so rundum wohl fühlen darf.

Danke, dass du
für mich da bist

Du tust mir gut

Das Wunderbare an unserer Freundschaft
ist ihre Ausgeglichenheit:

Nähe und Distanz,
Geben und Nehmen halten die Balance.

Wir sind füreinander da,
ohne es einander in Rechnung zu stellen.

Wir gehen miteinander durchs Leben,
ohne einander einzuengen.

Es ist so schön, zu wissen,
dass du für mich da bist,
nicht nur, wenn ich dich brauche.

Du tust mir unbeschreiblich gut!

Wie eine Bank in der Sonne

Unsere Freundschaft ist für mich
wie eine Bank in der Sonne
an einem kühlen Herbsttag:

Bei dir kann ich ausruhen,
auftanken, zur Ruhe kommen,
meine Gedanken ordnen,
neue Kraft fürs Weitergehen sammeln.

Du schenkst mir dein Vertrauen,
dein offenes Ohr, deine Ideen
und ganz viel Sonne
und Freude ins Herz.

Schön, dass es dich gibt!

Seelenhunger

In mancher Hinsicht
ist mein Lebens-Kelch
schon bis zum Rand gefüllt
und ich wüsste nicht,
wie da noch mehr hineinpassen könnte,
wenn ich diesen Reichtum
nicht mit anderen teilen würde.

An anderer Stelle fühle ich mich hungrig
und hohl und wünsche,
dass Gott mir diese Leere
mithilfe anderer Menschen füllt.

Wie gut, dass wir uns haben
und an unserem jeweiligen Leben
teilhaben lassen.
So können wir einander
zumindest stückweise geben,
was der andere braucht.

Gebraucht

Manchmal geht es mir gar nicht gut,
da brauche ich
deine Schulter zum Anlehnen.

Manchmal bin ich traurig
und brauche deinen Trost.

Manchmal sprudelt meine Seele über
und ich brauche dein offenes Ohr.

Manchmal verstehe ich mich selber nicht
und brauche deinen spiegelnden Rat.

Manchmal ist mein Herz rastlos
und findet bei dir
einen guten Platz zum Ausruhen.

Mit an Bord

Es ist keine leichte Aufgabe,
auf dem großen Meer der Endlichkeit
mein kleines Lebensschiff zu steuern:

die Segel richtig zu setzen,
Stürme zu überstehen,
manchmal auch gegen den Strom
Wind und Wellen zu trotzen,
die sengende Sonne des Tages
und die Eiseskälte der dunklen Nacht
zu ertragen.

Wie bin ich froh,
dich mit an Bord zu haben!

Du bist da

Dir brauche ich
nichts vorzumachen,
du merkst es sowieso,
wenn es mir nicht gut geht.

Auch dann bist
und bleibst du bei mir,
fliehst nicht
vor meiner Verzweiflung,
meinem Schmerz,
meiner Wut.

Du nimmst mich in den Arm,
hörst geduldig zu,
und ich spüre,
dass dein Herz
mit meinem weint.

Kostbar

Du bist mir ein so kostbarer Freund!
Du spürst genau,
wann ich Hilfe oder Rat brauche.
Stülpst mir aber nichts über,
fragst, ob ich es nehmen kann und will.

Du glaubst an mich,
selbst dann, wenn ich nur schlecht
von mir denken kann.

Du bist zur Stelle,
wenn mein Herz leer und traurig ist,
berührst mich in der Seele tief
mit deiner Liebe und Zuneigung.

Danke für deine Freundschaft!
Wie gut, dass es dich gibt!

Zusammenhalt

Ich sehe deine Tränen
und weine mit dir.
Ich kann dir den Schmerz
nicht nehmen,
aber ich kann bei dir sein
und ihn mit dir teilen,
wie wir auch schon
so viele schöne Momente
miteinander geteilt haben.

Danke, dass du mich
teilhaben lässt,
an dem, was dich bewegt.
Echte Freunde halten zusammen,
auch und gerade dann,
wenn das Herz schwer
und traurig ist.

Du siehst
meine Tränen

Du siehst meine Tränen
und schaust dennoch nicht weg.
Du kennst meinen Schmerz
und wendest dich nicht ab.
Du weißt um mein Elend
und hörst mir immer noch zu.

Ich kann kaum in Worte fassen,
wie viel mir das bedeutet.
Dein Verständnis, dein offenes Ohr,
dein Trost und Mitgefühl
geben mir Halt und Kraft.
Danke, dass ich mich bei dir
fallen lassen darf
und du für mich da bist.

Ich bin bei dir

Deinen Schmerz
kann ich dir nicht nehmen,
aber sei gewiss, dass ich mitfühle:
deine Trauer, deine Angst,
deinen Zorn, deine Verzweiflung.

Ich werde bei dir sein,
so oft du es wünschst,
werde mit dir weinen,
dich halten, dir zuhören.

Und ich bete und hoffe,
dass wir gemeinsam erleben können,
wie nach und nach
ein Lichtstrahl nach dem anderen
den Weg findet in dein dunkles Tal.

Danke für
deine Freundschaft

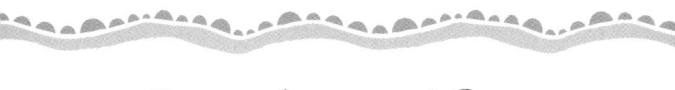

Grund zum Feiern

Lass uns feiern!

Jedes einzelne Jahr unserer Freundschaft,
jeden Monat, in dem wir uns begegnet sind,
jede Woche, die wir uns nahe waren,
jeden Tag, den wir
miteinander verbringen konnten,
jede Stunde, die wir Seite an Seite
gelacht haben,
jede Minute, die wir weinend teilten,
jede Sekunde, die unsere Herzen
im Gleichtakt schlugen.

Ich danke dir für das wertvolle Geschenk
deiner Freundschaft!
Komm, lass uns feiern!

Beschenkt

Wie froh bin ich um dich!
Wie dankbar bin ich Gott,
dass er uns eines Tages
hat einander begegnen lassen.

Wie wunderbar ist unsere Freundschaft!
Zurückschauend können wir nur staunen
über all die vielen guten Momente
des Zusammen-Haltens,
Füreinander-Einstehens,
Sich-gegenseitig-Stützens.

Dankbar sehen wir all die Früchte,
die wir als Beschenkte ernten dürfen.

Danke

Ich kann es nicht oft genug sagen:
Danke, Danke, Danke!

Für deine kostbare Freundschaft,
für all die vielen schönen Momente,
dir wir schon miteinander teilen durften,
für dein offenes Ohr und großes Herz,
für deine helfenden Hände und deine Füße,
die nicht müde werden, mit mir zu gehen.

Ich danke dir
für jedes ermutigende und tröstende Wort,
jede liebevolle und herausfordernde Geste,
für dein An-mich-glauben
und Hinter-mir-stehen.

Du bist und bleibst
einer meiner Lieblingsmenschen!

Die Früchte
deiner Freundschaft

Die Freundschaft zu dir
hat mir schon viele Früchte eingebracht:

Mut und Vertrauen,
Beständigkeit und Stärke,
Freude und Natürlichkeit,
Toleranz und Empathie,
Unterstützung und Trost,
Gelassenheit, Kritikfähigkeit
und nicht zuletzt
ganz viel Spaß miteinander.

So vieles schon hast du mir gegeben,
mir gezeigt, mich gelehrt.
Danke dafür!

Weißt du noch ...

wie wir als Kinder im Gras
unter unserem Lieblingsbaum lagen,
ein Gänseblümchen im Mundwinkel
uns flüsternd Geheimnisse anvertrauten?

Weißt du noch, wie wir über die Frühlings-
wiese tollten, berauscht vom Duft der
Kirschblüte kichernd Purzelbäume schlugen,
Blumen pflückten und uns ins Haar flochten?

Lange ist das her ...
Inzwischen sehen wir uns viel seltener, sitzen
dann eher am Kaffeetisch als unter Bäumen,
aber dennoch ist nichts in all der Zeit von
unserer Vertrautheit verloren gegangen.

Weißt du, ich finde unsere Freundschaft
steht noch immer in voller Blüte.
Und dafür danke ich dir sehr!

Meilensteine mit dir

Wenn ich zurückblicke
auf unseren gemeinsamen Weg,
dann freue ich mich
an so vielen schönen gemeinsam
geteilten Glücksmomenten,
überwundenen Hindernissen,
bereichernden Gesprächen,
aufregenden Erlebnissen,
wertvollen Erfahrungen,
liebevoll bewahrten Erinnerungen.
Danke für deine Freundschaft!
Ich werde sie weiterhin sammeln,
die wunderbaren Meilensteine mit dir.

Du bereicherst
mein Leben

Unsere Freundschaft
ist so kraftvoll geworden,
hebt sich farbenfroh und sichtbar ab
vom Einerleisein um uns herum.

Du bist mir so wichtig
und ich freue mich über jede Stunde,
die wir miteinander verbringen.

Schönes und Schweres
kann ich mit dir teilen,
auch über Entfernungen hinweg.

Danke für all das Wertvolle,
das du in mein Leben bringst!

Freude

Mein Leben ist so schön,
voller Wunder und Einzigartigkeit,
voller Staunen und Leichtigkeit,
voller Freude und Lebendigkeit.

Und dass ich das immer wieder
so erleben darf,
hat auch zu einem großen Teil
mit dir zu tun!

Ich freue mich so
an unserer Freundschaft,
die mir sehr kostbar geworden ist.
Du bringst so viel Gutes
in mir zum Blühen!
Hab ganz viel Dank dafür!

Endlich Frühling

Meine Seele wärmt sich am Licht,
mein Herz tankt Sonne pur,
die Natur erwacht zu neuem Leben,
sprießt aus allen Poren,
treibt Knospe an Knospe,
beginnt in allen Farben zu blühen.
Neuanfang.

Das Leben ist so schön
und ich bin so froh, dass es dich gibt.
Auch wenn unsere Freundschaft hier und da
ein bisschen Winterschlaf hält,
so weiß ich doch,
du bist da und meinst es gut mit mir.

Auch für uns beide kann es
immer wieder neu Frühling werden.

Winterzeiten

Es gab Zeiten,
da lag unsere Freundschaft auf Eis.

Wir hatten uns nicht
aus den Augen verloren,
aber auch nicht ständig im Blick.

Wie gut, erfahren zu haben
und darauf vertrauen zu können,
dass wir solche Winterzeiten
unbeschadet überstehen

und beim ersten Anwärmen
sofort zu schmelzen bereit sind.

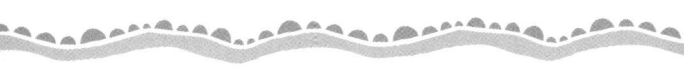

Durch dick und dünn

Ach, wie gut,
dass es Freunde gibt wie dich:

die mich verstehen,
mir verzeihen,
mit mir lachen und weinen,
mir Mut zusprechen,
mich begleiten,
geduldig mit mir sind,
meine Träume nicht belächeln,
zu mir halten,
ehrlich zu mir sind,
mich wohlmeinend kritisieren,
mit mir durch dick und dünn gehen
und mich liebevoll trösten,
wenn ich den Kopf hängen lasse.

Freundschaft bedeutet:

Nähe spüren,
Geborgenheit erleben,
stark und schwach sein dürfen,
Vertrauen erfahren,
Unterstützung bekommen,
sich anlehnen können,
angenommen sein,
einander im Blick haben,
gemeinsame Tränen lachen
und weinen können,
einen Platz an der Sonne teilen …

Gott scheint es wirklich
gut mit mir zu meinen:
Er hat mir dich
zum Freund geschenkt!

Freiheiten

Du und ich,
wir sind mehr als ein gutes Team!
Unser beider Lebensstrom
fließt stellenweise nebeneinander her,
das sind die Zeiten,
wo jeder seinen eigenen Weg gehen
und den anderen lassen muss.

Aber dann kommen auch wieder jene Zeiten,
wo unsere Wege sich kreuzen,
unsere Leben wieder ineinanderfließen
und wir miteinander unterwegs sind.

Ich bin so dankbar,
in dir einen Freund zu haben,
der mich nicht festkrallt und umklammert,
sondern mir auch Luft und Möglichkeit lässt,
eigene Wege auszuprobieren.

Wir tun uns gut

Wir sind mehr als nur ein gutes Team!
Es macht so viel Freude,
mit dir in die gleiche Richtung zu schauen,
gemeinsam an einer Sache zu arbeiten,
dasselbe Ziel zu haben.
Immer wieder im Wechsel
geben wir einander, nehmen voneinander,
brauchen und ergänzen uns,
haben uns gegenseitig im Blick,
hören zu und tauschen aus,
reichen uns helfend die Hand,
greifen uns unter den Arm,
beflügeln und bereichern uns,
tun uns gegenseitig gut.
Das ist selbstverständlich
nicht selbstverständlich
und deshalb ein großes Geschenk!

Seite an Seite

Es ist so wunderbar,
mit dir Seite an Seite
durchs Leben zu gehen,
mal im Schritt, mal im Trab,
dann wieder im wilden Galopp
vorwärts stürmend.

Aber naiv, stur und einfältig,
wie wir zwei Esel nun mal sind,
haben wir uns dabei
auch schon öfter verrannt.

Wie gut, zu wissen,
dass wir einen haben,
der uns führt,
der uns immer wieder
liebevoll hinterhergeht
und nach Hause zurückbringt.

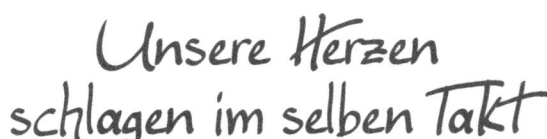

Unsere Herzen schlagen im selben Takt

Es ist so schön,
mit dir Zeit zu verbringen.
Wir teilen gemeinsam
Interessen, Hobbys und Freunde.
Wir schauen oft in die gleiche Richtung,
auf dasselbe Ziel.
Wir langweilen uns nie,
ziehen an einem Strang
und ergänzen uns gut.

Unsere Herzen schlagen im selben Takt
und folgen doch der Melodie
unseres jeweils unverwechselbar
einzigartig mehrstimmigen Lebens.

Deine Gegenwart

Stunde um Stunde
können wir zusammen sein
und dennoch werde ich
deiner Gegenwart nicht müde.
Mit dir gibt es keine Langeweile,
kein Ungemütlichsein,
keine peinlichen Pausen.
Bunt gemischt sind unsere Themen,
das Interesse aneinander ist groß.
Erzählen und Zuhören im Wechsel
nehmen kein Ende,
und selbst im Schweigen
verstehen wir uns.

Du bist

Dass du,
meine liebe Freundin,
zu meinem Leben gehörst,
ist ein riesengroßes
Geschenk für mich!

Du bist mir
Seelen-Trösterin,
Herzens-Schwester,
Geheimnis-Hüterin,
Sorgen-Teilerin,
Freude-Spezialistin,
Kummer-Kumpelin
Weg-Gefährtin,
Abenteuer-Komplizin,
Lebens-Begleiterin.

Danke für Gott
in unserem Leben

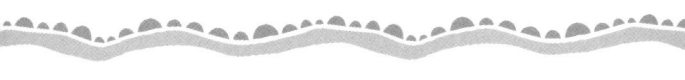

Schöpferkraft

Immer wieder stehe ich an einem Punkt
auf dieser schönen Erde,
wo mein Staunen kein Ende nimmt.

Wie groß ist Gottes Schöpferkraft!
Wie unendlich seine Kreativität,
wie gewaltig seine Macht.
Und ich mittendrin!
Aber nicht allein!
Gott hat mir liebe Menschen,
Freunde wie dich, an die Seite gestellt,
mit denen ich diese Herrlichkeit
bestaunen und genießen darf!

Welch ein Geschenk!

Glück

Staunend und voller Dank
sehe ich all das Glück
in meinem Leben:

liebe Menschen,
die mir zur Seite stehen,
das tägliche Versorgtsein
mit mehr, als ich brauche,
meine Gaben und Talente,
Träume, die sich erfüllt haben,
geöffnete Türen
zu neuen Möglichkeiten,
das Getragen- und Getröstetsein
in schweren Stunden.

Hab Dank, mein Gott,
für all diesen Segen,
mit dem du mir
die leeren Hände füllst.

Dir zur Ehre blühen

Du, Gott, hast mich so wunderbar gemacht!
Aus dem kleinen Samen ist erst eine Knospe,
dann eine Blüte geworden,
die sich mehr und mehr öffnet.
Mit deiner Hilfe entfalte ich mein Selbst,
entdecke all den Reichtum,
den du in mich hineingelegt hast.
Wie eine Blume strahle ich
nicht aus mir selbst heraus,
brauche, dass du mich nährst,
mir Sonne und Regen schickst,
damit ich wachsen kann.
Einem Spiegel gleich soll an mir
etwas sichtbar werden von deiner Größe,
deiner Liebe, deiner Güte.

Blühen will ich, dir zur Ehre, wunderschön.

Flieg!

Mir war, als hörte ich Gott flüstern:
„Es ist an der Zeit, deine Flügel auszubreiten
- flieg los!

Das Leben wartet auf dich!
Oder denkst du wie die Raupe,
dass das schon alles war?

Hab den Mut, Neues zu wagen.
Glaub mir, ich hab noch viel mit dir vor.

Vertrau mir ganz.
Breite die Flügel aus, die ich dir
habe wachsen lassen, und flieg!

Hab keine Angst!
Ich bin der Wind, der dich trägt."

Zufriedenheit

Es tut so gut,
aufzuhören mit allem, was ich tue,

die Augen zu schließen
und mir die Sonne
ins Gesicht scheinen zu lassen.

Auszeit nehmen,
gelassen sein,
zufrieden,
sorgenfrei.

Mich ganz hingeben dem Wissen,
dass du, mein Gott,
da bist
und für mich sorgst.

Schutz

Wie eine Entenmutter
ihre Küken stets im Blick behält
und vor Gefahren schützen will,
dürfen wir darauf vertrauen,
dass Gott immer mit uns ist
und unser Bestes will.

Nicht nur, wenn es brenzlig wird
in unserem Leben,
dürfen wir unter seinen Flügeln
Schutz, Geborgenheit,
Liebe und Wärme suchen.

Du suchst mich

Manchmal, wenn das Leben
mir Angst macht
oder mich zu erdrücken scheint,
ziehe ich mich
in mich selbst zurück,
verkrieche mich in einer dunklen Spalte,
wäre am liebsten unsichtbar.

Doch du suchst mich,
findest mein Versteck,
siehst mich im Dunkeln.
Dein Blick dringt durch meine äußere Schale
und bleibt verständnisvoll
auf meinem verletzten Inneren ruhen.

Und lächelnd streckst du mir
liebevoll deine Hand entgegen,
holst mich wieder raus ans Licht.

Gott hält dich

Sei nicht verzagt!
Ich weiß, du denkst,
aus diesem Dunkel
kommst du nie wieder heraus.
Aber das stimmt nicht!

Glaub mir
und noch wichtiger:
Glaube dem,
der dich geschaffen hat:
Er reicht dir seine Hand
und wenn du ihm vertraust,
wird er dich leiten,
Schritt für Schritt zum Licht.

Gott lässt dich nicht im Stich

Es gibt Phasen im Leben,
da wissen wir genau,
dass uns ein Herzenswinter bevorsteht,
dass wir plötzlich
vor Schwierigkeiten stehen,
von deren Lösung und Ausgang
wir keine Ahnung haben.

Lass uns dann nicht vergessen
und uns gegenseitig daran erinnern:
Gott lässt uns nicht im Stich,
ist auch an den dunklen
und schweren Tagen da.
Lass uns unserer Angst
bewusst entgegenstellen,
dass wir einander haben
und nicht tiefer fallen können,
als in Gottes Arme.

Wünsche für dich

Gute Laune

Sommer, Sonne, Gute-Laune-Zeit.

Das Leben genießen,
wir haben schließlich nur dies eine.
Leichtigkeit spüren,
Sorgen Sorgen sein lassen.

Sich voller Vertrauen
in den Tag fallen lassen,
wissend, dass Gott uns trägt
und unser Bestes will.

Dem Leben zulächeln,
es lädt zum Tanzen ein.

Freudensprung. Glückseligkeit.

Gefährten

Ich wünsche dir Gefährten,
die in ihren Herzen
für dich einen Platz reservieren,
dich begleiten auf deinem Weg,
dich stützen, wenn du Halt suchst,
dich ermutigen, wenn du verzagt bist,
dich trösten, wenn dein Herz voll Trauer ist,
mit dir lachen und das Leben genießen.

Ich wünsche mir, einer von ihnen zu sein
und zu deinem Leben gehören zu dürfen.

Ich mag dich sehr
und trage dich in meinem Herzen.

Versteck dich nicht

Keine Frage:
In dir ist dieses wunderschöne Strahlen,
das an den Tag kommt,
wenn du dich dem Leben
und der Liebe öffnest.
Immer wieder habe ich
es schon durchblitzen sehen
und ich wünsche dir,
dass du dir zunehmend selbst vertraust
und deine innere Schönheit
zu schätzen lernst.

Du bist so kostbar und wunderbar,
viel zu schade,
um dich zu verstecken.

Dem Himmel öffnen

Ich wünsche dir
von ganzem Herzen,
dass du dich zunehmend
dem Himmel öffnen kannst

und dir somit die Chance gibst,
zu erleben, was es heißt,
geliebt zu werden
um deiner selbst willen.

Du musst nichts tun.
Nur du sein.

Gott glaubt an dich
- und ich tu es auch!

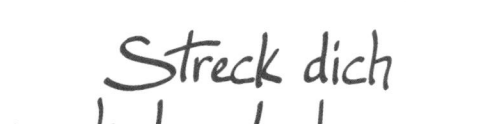

Streck dich
nach dem Leben aus

Voll das wilde, pralle Leben!
Wie die Hortensie sich ausstreckt,
die Zaunlatten ignorierend
in voller Gänze blüht,
so kannst auch du dich
mutig nach dem Leben ausstrecken,
dich nicht begrenzen lassen
von deinen eigenen Zweifeln,
Ängsten und Sorgen.

Mach dich nicht kleiner
als du bist und schäme dich nicht,
der Welt deine wunderbare
einzigartige Unverwechselbarkeit zu zeigen.

Lass dich bestärken

Unfassbar:
Ein so zartes Blümlein hat die Kraft,
die Schneedecke zu heben,
um seinen Kopf ans Licht zu strecken.

Lass dich darin bestärken,
der tiefen Sehnsucht in dir nachzugeben,
dich dem Dunklen und Kalten
in deinem Leben
bewusst entgegenzustemmen
und dich nach Nähe,
Wärme und Licht auszustrecken.

Gestalte dein Leben

So oft sind wir Wartende:
Auf den Zug, auf den richtigen Partner,
auf die nächste Gehaltserhöhung …
Wenn erst dies und jenes erreicht
oder eingetreten ist, dann, ja dann
geht es uns erst richtig gut,
erst dann geht es so richtig los,
erst dann können wir wirklich glücklich sein,
denken wir oft.
Und verpassen damit unser Leben,
das währenddessen schon längst
an unsere Herzenstür klopft.
Heute, an diesem Tag.
Jetzt, in diesem Moment.
Hier, an diesem Ort.
Gestalte dein Leben, sieh dein Glück,
mach das Beste aus dem, was du bereits hast
und was dir anvertraut ist.
Warte nicht länger, lebe los!

Mitgefühl

Glaub mir, ich leide mit dir.
Dein Schmerz, deine Trauer,
deine Verzweiflung, deine Kraftlosigkeit
bewegen auch mich.

Deine Offenheit und Verletzlichkeit
haben etwas so Kostbares, Empfindsames,
berühren mich in meinem tiefsten Inneren.

Ich wünsche dir,
dass du gerade heute erleben darfst,
wie ein klitzekleiner Sonnenstrahl
den Weg findet in dein dunkles Loch

und ich bete, dass Gott dir
die Portion Kraft schenkt,
die du für den heutigen Tag brauchst,
nicht mehr, aber auch nicht weniger.

Schau dankbar zurück

Du schaffst und machst, tust und wirkst,
bist fleißig und voller Tatendrang,
gibst anderen so viel!
Genial, wie viel Power du hast
und was du schon alles erreicht hast!

Nimmst du das eigentlich auch wahr?
Komm, setz dich doch mal
für einen Moment,
mach mal Pause,
und schau dankbar zurück:

Bis hierhin hat dich Gott schon getragen,
all das hat er dir ermöglicht und geschenkt
und du hast dich von ihm gebrauchen lassen.
Nun genieße auch mal ganz bewusst
die Früchte deiner Werke!

Tu dir Gutes

Gönne dir von Zeit zu Zeit einen Tag,
der dir gut tut,
an dem du nicht zu funktionieren brauchst,
keine Aufgaben zu erfüllen hast,
keine Ziele verfolgen musst.

Einfach nur sein.
Du sein. Da sein. Genießen, was ist.

Ein Tag ohne Zweck und Ziel
und dennoch voller Sinn:
Leichtsinn, Frohsinn, Tiefsinn, Eigensinn.

Tu dir Gutes:
Gönne dir von Zeit zu Zeit dich selbst.

Mit dir zusammen

Mit dir zusammen ein Ziel ansteuern
macht mir so viel Freude.

Lass uns erdverbunden sein
und dennoch den Kopf
in den Himmel strecken,
lass uns andere anstecken
mit unseren Ideen,
lass uns gemeinsam
für eine gute Sache einstehen.
Lass uns unsere verschiedenen Gaben
und Fähigkeiten zusammentun.
Zusammen erreichen wir weit mehr.
Lass uns zur Blüte bringen,
was bereits Knospen trägt.

Möge Gott uns segnen.

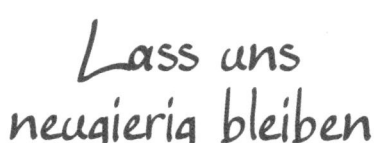

Lass uns
neugierig bleiben

Lass uns neugierig bleiben
auf das Leben.
Lass uns jeden neuen Tag
als Geschenk verstehen.

Lass uns reifen
und wachsen aneinander,
uns ein barmherziges
und liebendes Gegenüber sein.

Lass uns ein Leben leben,
das Gott gebrauchen kann.
Lass uns ein Leben leben,
in dem der Himmel
sich widerspiegelt.

Inhaltsverzeichnis

Vorwort 7

Danke für dich   9

Wertvoll 10
Du bist ein Geschenk 11
Schön, dass es dich gibt 12
Großes Herz 13
Liebe schenken 14
Ansteckend 15
Begeistert von dir 16
Du bringst Farbe in mein Leben 17
Fröhlichkeit 18
Das Lebenist ein Genuss! 19
Gesegnet 20
Lebendigkeit 21
Abenteuer 22
Herzerfrischend 23

Freunde wie dich 24
Nicht allein 25

Danke für deine Ermutigung   26

Du glaubst an mich 27
Potential 28
Neue Möglichkeiten 29
Loslassen 30
Schritte wagen 31
Du stärkst mir den Rücken 32
Weitergehen 33

Danke für deine Hilfe und Unterstützung   34

Zusammen unterwegs 35
Stolpersteine 36
Heilung 37
Stürme 38

Bewahrung 39
Erdverbunden 40

Danke für dein Zu-mir-stehen   41

Unperfekt 42
Danke für deine Geduld 43
Du hältst zu mir 44
Du bist gnädig mit mir 45
Herz mit Profil 46
Einander verzeihen 47

Danke, dass ich bei dir so sein darf, wie ich bin   48

In deiner Nähe 49
Bei dir geborgen 50
Bei dir Zuhause 51
Du lädst mich ein 52

Danke, dass du für mich da bist 53

Du tust mir gut 54
Wie eine Bank in der Sonne 55
Seelenhunger 56
Gebraucht 57
Mit an Bord 58
Du bist da 59
Kostbar 60
Zusammenhalt 61
Du siehst meine Tränen 62
Ich bin bei dir 63

Danke für deine Freundschaft 64

Grund zum Feiern 65
Beschenkt 66
Danke 67
Die Früchte deiner Freundschaft 68
Weißt du noch 69
Meilensteine mit dir 70
Du bereicherst mein Leben 71

Freude 72
Endlich Frühling 73
Winterzeiten 74
Durch dick und dünn 75
Freundschaft bedeutet: 76
Freiheiten 77
Wir tun uns gut 78
Seite an Seite 79
Unsere Herzen schlagen im selben Takt 80
Deine Gegenwart 81
Du bist 82

Danke für Gott in unserem Leben

83

Schöpferkraft 84
Glück 85
Dir zur Ehre blühen 86
Flieg! 87
Zufriedenheit 88

Schutz 89
Du suchst mich 90
Gott hält dich 91
Gott lässt dich nicht im Stich 92

Wünsche für dich

43

Gute Laune 94
Gefährten 95
Versteck dich nicht 96
Dem Himmel öffnen 97
Streck dich nach dem Leben aus 98
Lass dich bestärken 99
Gestalte dein Leben 100
Mitgefühl 101
Schau dankbar zurück 102
Tu dir Gutes 103
Mit dir zusammen 104
Lass uns neugierig bleiben 105

Über die Autorin Doro Zachmann 112

Doro Zachmann

ist 1967 in Aalen geboren und
dort aufgewachsen. Die Diplom-
Sozialpädagogin versteht sich als
Familienfrau und engagiert sich
darüber hinaus als Referentin und
Autorin. Sie schreibt autobiografi-

sche Bücher und konzipiert farben-
frohe, inspirierende Kalender und
Bildbände.

Gemeinsam mit ihrem Mann,
dem Psychotherapeuten Wolfgang
Zachmann, hat sie vier erwachsene
Kinder und eine Enkelin.

Ihr geistliches Zuhause sieht die
beliebte Autorin seit vielen Jahren in
der Freien evangelischen Gemeinde
Karlsruhe.

Sie ist Mitbegründerin und
Mitarbeiterin des Autoren-Laden-
Event-Cafés „Sellawie" in Forst, das
ihr ebenfalls sehr am Herzen liegt.
In ihrer Freizeit ist sie kreativ, liest
viel und verbringt sehr gerne Zeit mit
Familie und Freunden.

Weitere Bücher von der Autorin

Doro Zachmann • Die Jahreszeiten der Seele
Lassen Sie sich mitnehmen auf eine innere Reise der Seele. Ausgedrückt in emotionalen Worten und Bildern. Humorvoll, nachdenklich, ermutigend, berührend, spritzig, wohltuend, tiefsinnig - wie das Leben selbst. Bildband, 48 Seiten, 17 x 17 cm, durchgehend bebildert. RKW 5132 • ISBN 978-3-86338-132-5

Doro Zachmann • Geliebt und gehalten
Sie dürfen halten, lieben, staunen. Ein Wunder des Lebens liegt in Ihren Händen. Emotionale Bilder von Marianne Borst unterstreichen den Jubel über das neue Leben. Bildband, 48 Seiten, 17 x 17 cm, durchgehend bebildert. RKW 574 • ISBN 978-3-88087-574-6

Doro Zachmann • Heute: Mein Tag
Der volle Terminkalender hält Sie in Atem? Wie wäre es mal mit einem Tag nur für Sie? - Nur - wie soll das gehen? Kreative Tipps für die Planung und Gestaltung eines besonderen Tages und ein Mutmacher zum „kleinen Urlaub für die Seele". Bildband, 48 Seiten, 17 x 17 cm, durchgehend bebildert. RKW 5123 • ISBN 978-3-86338-123-3

Doro Zachmann • Mein Geburtstagsgruß
„Ich gratuliere dir von Herzen, dass es dich gibt und gratuliere mir, dich kennen zu dürfen." - Wenn Sie jemandem das sagen möchten, dann ist dieser Bildband das perfekte Geschenk. Liebevolle Worte voller Lebensfreude und Verbundenheit. Bildband, 48 Seiten, 17 x 17 cm, durchgehend bebildert. RKW 5124 • ISBN 978-3-86338-124-0

Doro Zachmann • Ein Päckchen voller Wünsche
Sie möchten einem Menschen, der Ihnen
am Herzen liegt, gute Worte weitergeben? Dann
ist dieses Buch genau das Richtige. Drücken Sie
aus, was Ihnen der andere bedeutet und was Sie
sich für ihn wünschen.
Hardcover, 112 Seiten, 10,5 x 15,5 cm.
RKW 5009 • ISBN: 978-3-86338-009-0

Doro Zachmann • Schön, dass es dich gibt
52 Freundschafts-Botschaften
Sind Ihnen Ihre Freunde wichtig? Dann sagen
Sie es ihnen doch einmal in einer besonderen
Form. Die kleinen Botschaften möchten Ihre
Freundschaft zu Menschen vertiefen. Bildband,
128 Seiten, 12 x 17 cm, durchgehend bebildert.
RKW 5141 • ISBN: 978-3-86338-141-7

Doro Zachmann • Ich bin da, dir ganz nah
Gottes liebevolles Reden hat uns so viel Ermuti-
gendes zu sagen. Seine Zusagen gelten in jeder
Lebenssituation. Einfühlsam öffnen sie das Herz
für die himmlische Sicht auf zentrale Lebensthe-
men wie Vergebung, Trost, Führung, Hoffnung
oder Segen. Bildband,
96 Seiten, 14 x 21 cm, durchg. bebildert.
RKW 5112 • ISBN: 978-3-86338-112-7

Beliebte Kalender mit Bildern und Texten der Autorin

Texte zur Freundschaft

Sagen Sie lieben Menschen mit diesen Kalendern ein „Ich mag dich" und zeigen Sie damit ein ganzes Jahr lang ihre herzliche Verbundenheit. Die persönlichen Texte von Doro Zachmann sprechen jeder Freundschaft aus der Seele. Ihre Bilder verbreiten eine wohltuende Heiterkeit.

Schön, dass es dich gibt • Der dekorative Wand-Kalender
13 Blätter, Kunstdruck, Schutzfolie, Spiralbindung, 21 x 38 cm
ISBN 978-3-88087-325-4

Gut, dass es dich gibt • Der doppelt nutzbare Postkarten-Kalender
13 Blätter, Postkartenkarton, Spiralbindung, Aufsteller, 16 x 16 cm
ISBN 978-3-88087-155-7

Wunschtexte und Poesie

Verschenken Sie Schönheit und Blütenpracht aus Gottes wunderbarem Garten. Wohltuende, lebensnahe Wünsche von Doro Zachmann und verträumte Poesie streicheln die Seele und machen diesen Kalender zu einem Rosengruß für ein ganzes Jahr

Rosenduft mit guten Wünschen • Der dekorative Wand-Kalender
13 Blätter, Kunstdruck, Schutzfolie, Spiralbindung, 30 x 31 cm
ISBN 978-3-88087-250-9

Rosenduft mit lieben Wünschen • Postkarten-Kalender
13 Blätter, Postkartenkarton, Spiralbindung, Aufsteller, 16 x 16 cm
ISBN 978-3-88087-159-5

Rosenduft mit besten Wünschen • Aufstell-Kalender
13 Blätter, Spiralbindung, Aufsteller, 12 x 12 cm
ISBN 978-3-88087-805-1

Bildcollagen und Mutmacher-Texte

Auf jedem Monatsblatt erwarten Sie drei farblich passende Naturaufnahmen mit schönen Sinnsprüchen oder kleinen Mutmachern von Doro Zachmann.

Farbenfreude • Der dekorative Wandtermin-Kalender
13 Blätter, Kunstdruck, Schutzfolie, Spiralbindung, 23 x 39 cm
ISBN 978-3-88087-291-2

Kleine Farbenfreude • Aufstell-Kalender
13 Blätter, Spiralbindung, Aufsteller, 8 x 17,5 cm
ISBN 978-3-88087-827-3

Gottes Zusagen für's Leben

Lassen Sie sich von Gottes liebevollem Reden ermutigen. Doro Zachmann formuliert auf der Grundlage von Bibelworten persönliche Zusprüche. Einfühlsam öffnen sie das Herz für die himmlische Sicht auf zentrale Lebnsthemen wie Vergebung, Trost, Führung, Hoffnung oder Segen. Ein wunderbarer Kalender im Vintage bzw. Shabby-Chic-Look.

Ich bin da, dir ganz nah • Der dekorative Wand-Kalender
13 Blätter, Kunstdruck, Schutzfolie, Spiralbindung, 30 x 44 cm
ISBN 978-3-88087-090-1

Ich bin da und dir ganz nah • Postkarten-Kalender
13 Blätter, Postkartenkarton, Spiralbindung, Aufsteller, 12 x 21 cm
ISBN 978-3-88087-763-4